1. Lesestufe

Manfred Mai · Martin Lenz · Claudia Ondracek

Rabenstarke Fußballgeschichten für Erstleser

Mit Bildern von Eike Marcus und Leopé

Ravensburger

Bibliografische Information der Deutschen Nationalbibliothek:

Die Deutsche Nationalbibliothek verzeichnet diese Publikation
in der Deutschen Nationalbibliografie.
Detaillierte bibliografische Daten sind im Internet
über http://dnb.d-nb.dc abrufbar.

1 3 5 4 2

Ravensburger Leserabe
Diese Ausgabe enthält die Bände
„Fußballgeschichten" von Manfred Mai und Martin Lenz
mit Illustrationen von Eike Marcus,
„Die Bolzplatz-Bande macht das Spiel!" von Claudia Ondracek
mit Illustrationen von Leopé
© 2018 und 2008

© 2023 Ravensburger Verlag GmbH
Postfach 2460, 88194 Ravensburg
für die vorliegende Ausgabe

Umschlagbild: Eike Marcus
Konzept Leserätsel: Dr. Birgitta Reddig-Korn
Printed in Germany
ISBN 978-3-473-46270-4

ravensburger.com
www.leserabe.de

Inhalt

Manfred Mai und Martin Lenz

Fußballgeschichten

Mit Bildern von Eike Marcus

Inhalt

Wir holen den Pokal!

Die F-Jugend des FV Ravensburg
nimmt am Samstag
an einem großen Turnier teil.
In der Vorrunde
gewinnen sie zwei Spiele,
einmal spielen sie unentschieden.

Damit sind sie Erster
in ihrer Gruppe
und stehen im Finale.

Die Jungen und Mädchen
freuen sich riesig.

„Jetzt holen wir auch den Pokal!",
sagt Miro.

„Dann müsst ihr aber
noch besser spielen als bisher",
erwidert Axel, der Trainer.
„Eure Gegner sind nämlich sehr gut."

„Aber wir sind besser",
behauptet Luca.

„Wichtig ist,
ihre Nummer 6 zu stoppen",
sagt Axel.
„Der Junge schießt
besonders viele Tore.
Das ist deine Aufgabe, Luca.
Du weichst ihm nicht von der Seite!"
Luca nickt. „Alles klar."

In den ersten Minuten
spielen die Ravensburger sehr gut.
Doch dann verliert Kenan den Ball,
die Nummer 6 entwischt Luca
und schießt sofort aufs Tor.

Er will schon jubeln,
aber Linus im Tor lenkt den Ball
mit den Fingerspitzen
gerade noch um den Pfosten.

Nach dem Eckstoß
startet Mia
direkt den Gegenangriff.
Sie passt im richtigen Moment
zu Kenan.

Der läuft noch ein paar Schritte
und schiebt den Ball
am Torhüter vorbei –
1:0 für Ravensburg!

Nun drängen die Gegner
mit aller Kraft auf den Ausgleich.
Doch Linus
lässt keinen Ball mehr rein.

Linus ist der Held des Tages.
Bei der Siegerehrung darf er
den Pokal in Empfang nehmen.
Das ist der schönste Augenblick
für den jungen Fußballer.

Das Schlammspiel

Seit zwei Tagen regnet es
ohne Pause.
„So habe ich mir den Urlaub
nicht vorgestellt", meckert Elias.
„Immer nur im Zelt hocken
ist voll langweilig!"

Am Morgen des dritten Tages
verziehen sich die Wolken endlich.
Sofort treffen sich
die Fußballer auf dem Bolzplatz.

„Hier ist es noch viel zu nass
zum Spielen", meint Max.

„Wieso, bist du aus Zucker?",
fragt Elias.
Er hüpft in eine Pfütze,
dass es kräftig spritzt.
„Na los, kommt schon!", ruft er.

„Dann kicke ich aber
in der Badehose", sagt Ben.
Und so machen es alle.

Sie bilden zwei Mannschaften,
und los geht's!
Ben will den Ball zu Elias spielen.
Doch er rutscht aus
und fällt mit dem Bauch voran
in den Dreck.

Sinan holt sich den Ball
und läuft auf das Tor zu.
Bevor er schießen kann,
grätscht Elias von der Seite hinein,
und beide landen in einer Pfütze.

„Pfui Teufel!", ruft Sinan.
„Jetzt bin ich klatschnass!"

„Und dreckig wie ein Schwein",
sagt Elias lachend.
„Das war sowieso ein Foul",
beschwert sich Sinan.
„Das gibt Freistoß für uns!"

Nach einer Weile sind die Jungen
so schmutzig,
dass man sie kaum noch
voneinander unterscheiden kann.

„Kommt, wir gehen baden
und waschen den Dreck ab!",
schlägt Elias vor.

Mit lauten Rufen
springen die Jungs in den See.
Als alle wieder sauber sind,
beginnt die zweite Halbzeit
der Schlammschlacht.

Noah und sein Fußball-Opa

Noah hat nur Fußball im Kopf.
Sein großes Vorbild
ist sein Opa Horst.
Der hat früher
in der 2. Bundesliga gespielt.

Heute fährt Opa Horst
mit Noah zum Bolzplatz.
„Mit dir sind wir sieben", sagt Tim.
„Das geht nicht auf."
„Dann soll mein Opa mitspielen",
schlägt Noah vor.

Einige Jungen fangen an zu lachen.
„Der ist doch viel zu alt!",
ruft Tim.

Opa Horst kommt näher.
„Warum spielt ihr nicht?",
fragt er.
„Weil drei gegen vier doof ist",
murrt Tim.

„Genau", sagt Noah.

Er nimmt seinen Opa an der Hand
und zieht ihn aufs Spielfeld.
„Deswegen sollst du mitspielen!"

„Gern", sagt Opa Horst.
„Also gut", murmelt Tim.
Auch die anderen Jungs
sind einverstanden.

Opa Horst spielt
in Noahs Mannschaft.
Schnell führen sie 4:1.

„Das ist unfair!", schimpft Tim.
„Wenn ich gewusst hätte,
dass er so gut ist,
hätte ich lieber mit ihm gespielt."
„Ich auch", meint Jan.

„Vorhin habt ihr ihn
noch ausgelacht", sagt Noah.

„Ich … äh …", stammelt Tim.
Jan wird ein bisschen rot.

Damit es gerecht ist,
spielt Opa Horst
nun in der anderen Mannschaft.

Sie holen Tor um Tor auf,
und das Spiel endet 5:5.

„Für heute reicht es",
sagt Opa Horst.
„Jetzt muss ich mich
erst mal ausruhen."
„Spielst du morgen wieder mit?",
fragt Tim.
„Mal sehen", antwortet Opa Horst
und lächelt.

Emma hat was drauf

Emma spielt gern Fußball.
Heute gibt es in der Schule
ein Spiel gegen die Jungen.
„Hoffentlich gewinnen wir",
flüstert sie Anna zu.

Die Jungen fassen sich
an den Händen.
Sie feuern sich laut an:
„Abschlag, Angriff, vor,
bald fällt das erste Tor!"

Die Mädchen kichern.
„Genau, und zwar für uns",
spottet Lilly.

Emma sitzt zuerst nur auf der Bank
und ist enttäuscht.
„Na, Emma,
das wird wohl heute nichts",
stichelt Paul.
„Wart's ab!", ruft sie.

Schnell führen die Jungen 2:0.
Wenn ich nur endlich
mitspielen dürfte,
denkt Emma.

Ein Mädchen wird
vor dem Tor gefoult: Elfmeter!
Anna legt sich den Ball zurecht,
nimmt Anlauf, Schuss und Tor!
Das macht den Mädchen wieder Mut.

Und den Jungs geht langsam
die Puste aus.

Endlich wird Emma eingewechselt.
Kaum ist sie im Spiel,
kommt eine Flanke von links.
Emma springt hoch
und erwischt den Ball
mit dem Kopf.

Der Torhüter streckt sich,
kann den Ball aber nicht halten.
„Tor!", jubelt Emma und strahlt.

Gleich ist das Spiel zu Ende.
Es steht immer noch 2:2.

Da bekommt Emma den Ball,
dribbelt damit an Paul vorbei
und schießt das Siegtor.

Alle ihre Mitspielerinnen
rennen auf sie zu
und erdrücken sie beinahe
vor Freude.

Auf dem Weg zurück in ihre Hälfte
ruft Emma: „Na, Paul,
das wird wohl heute nichts!"

Paul fällt dazu
keine passende Antwort ein.
Er ist sprachlos.

Claudia Ondracek

Die Bolzplatz-Bande macht das Spiel!

Mit Bildern von Leopé

Inhalt

Nicht mit dabei

Zur Bolzplatz-Bande gehören:

Jan, Juri, Lea, Leon, Max und Maya.

Meist spielen die sechs Fußball.

Aber heute halten sie Kriegsrat – die
Jungs vom Fußballklub Friedenau
haben sie zu ihrem
E-Jugend-Turnier eingeladen.

„Da laufen doch nur Fußballer
in Hochglanz-Trikots rum", mault Maya.
„… die sich für was Besseres
halten", ergänzt Lea.

Leon nickt: „Und auf das Getue
habe ich keine Lust!"

„Da wird auch guter Fußball gespielt",
hält Jan dagegen.
„Den spiel ich lieber selbst",
sagt Juri und grinst.

„Aber zuschauen …", setzt Jan an.

„Dann geh doch",
meint Max und schaut in die Runde.
„Will noch einer?"

Leon, Juri, Maya und Lea
schütteln die Köpfe.

Was für eine Chance!

Jan läuft zum Fußballplatz.
Dort machen sich die Spieler warm.
Fünf E-Jugend-Mannschaften
treten gegeneinander an.
Nur Friedenauer sieht Jan kaum.

54

„Wo stecken die nur?",
wundert sich Jan.
„Das Turnier beginnt doch schon
in einer halben Stunde!"

Da tönt es aus dem Lautsprecher:
„Jan Leitner, Jan Leitner,
bitte zum Haupteingang kommen!"

Am Eingang steht Jakob.

„Da bist du ja", ruft er Jan zu.

„Wo sind die anderen?"

Jan zuckt mit den Schultern.

„Die hatten keine Lust."

Jakob schießen Tränen

in die Augen.

Jan strahlt.

Was für eine Chance!

„Ich mach mit", sagt er sofort.

„Wir brauchen aber noch
vier Spieler mehr", drängt Jakob.

„Bitte ruf die anderen an!"

Jan und Jakob laufen zu Herrn Kelly.

Der gibt ihnen sein Handy.

Bei Juri geht keiner ans Telefon.

Doch bei Maya hat Jan Erfolg.

Aber die meint nur schnippisch:

„Haben die Lackaffen

denn nicht mehr Ersatzspieler?"

Jan wird wütend:
„Ob mit Trikot oder ohne –
Fußballer sind wir alle!"

Und Jakob meint:
„Maya, bitte – wenn ihr
in 20 Minuten nicht da seid,
fliegen wir raus!"

Bitte auf den Platz

Der Friedenauer Trainer
drückt Jan ein Trikot
und Fußballschuhe in die Hand.

Dann machen sich
Jakob und Jan warm.

Sie schauen immer wieder
zum Eingang.
Aber keiner ist zu sehen.

Da knistern die Lautsprecher:
„Alle Mannschaften
bitte auf ihre Spielerbänke.
Wir geben die Auslosung
der Spiele bekannt."

Die Friedenauer Fußballer
lassen die Köpfe hängen.

„Und nun zum Fußballklub Friedenau",
tönt es aus dem Lautsprecher.
„Da aufgrund eines Staus
fünf Fußballer nicht hier sein können …"

„… springen folgende Spieler ein:
Jan, Juri, Maya, Leon und Lea –
und als Ersatzspieler Max.
Bitte begebt euch jetzt auf den Platz!"

Jan und Jakob starren sich an.
„Los jetzt, ihr Schlafmützen!",
hören sie jemanden rufen.

Das ist Maya.
Zusammen mit den
anderen Bolzern läuft sie
über den Platz.

„Ich dachte wir spielen?
Wir sind schon warm!
Wir sind nämlich hierher gerannt!"
Jakob springt auf.
„Danke", ruft er den Bolzern zu.

„Wofür?", fragt Juri und grinst.
„Ein gutes Spiel haben sich die Turbo 6
noch nie entgehen lassen!"

Schnell weist Herr Kelly
sie in ihre Positionen ein.
Da ertönt schon der Anpfiff!

Voller Einsatz

Das Zusammenspiel
klappt erst nicht so gut.
Die Bolzer sind zu aufgeregt:
Sie passen zu ungenau
und lassen sich den Ball abluchsen.
Bald steht es 0:1.

„Oh Mann", stöhnt Jan,
als sich sein Gegenspieler
wie eine Wand vor ihm aufbaut.
„Die bremsen uns ja total aus!"

„Dann lauf dich frei!",
ruft Jakob ihm zu.
„Los jetzt, ihr habt uns
oft genug abgezogen!"

Da schlägt Jan einen Haken.
Er hängt seinen Gegner ab
und Jakob spielt ihm den Ball zu.

„Juri steht rechts frei!", ruft Lea.
Aber Jan passt zu Jakob
in den Strafraum.

Als Jakob den Ball nimmt,
erwischt ihn ein Fuß an der Wade.

Jakob stürzt. Foul!
Der Schiedsrichter
pfeift einen Elfmeter.

Jakob legt den Ball
auf den Elfmeterpunkt.
„Schieß du", sagt er zu Juri.
„Das war eigentlich dein Ball!"

Juri zögert.
Dann läuft er an …

… und drischt den Ball
unter der Querlatte ins Netz.

„1:1!", brüllen die Friedenauer
und lassen Juri hochleben.
Nun gibt es kein Halten mehr!

Leon schießt aus dem Mittelfeld
eine lange Flanke vors Tor.
Dort stehen Maya und Jakob.

Maya steigt hoch.
Doch der Gegner vor ihr
köpft den Ball ins Aus.

„Autsch!", schreit Maya,
als sie auf dem Boden aufkommt.
Sie ist mit dem Fuß umgeknickt.
Maya humpelt zur Außenlinie.

Dort wartet bereits Max.
„Mach was aus dem Eckball!",
ruft ihm Maya zu.

Max hebt den Ball –
er fliegt direkt auf Tim zu.
Und der köpft ihn ins Tor.

„2:1!", brüllt Max begeistert.
Und dabei bleibt es auch.

Jetzt geht's um die Wurst

„Ihr müsst jetzt alles geben",
spornt Herr Kelly seine Spieler an.
„Zwei Siege und ein Unentschieden.
Wenn wir das Spiel hier gewinnen,
dann sind wir Turniersieger!"

76

„Kein Problem", sagt da jemand.
„Jetzt sind wir ja da!"
Hinter der Bank stehen
die fünf Friedenauer Spieler,
die im Stau stecken geblieben sind.

„Aber …", protestiert Maya.
„Nichts aber", sagt einer der fünf.
„Jetzt sind wir Profis gefragt!"

Da steht Jakob auf.
„Die sechs sind Profis",
erwidert er scharf.

„Die sind für euch eingesprungen –
und die spielen jetzt auch
im letzten Spiel mit."
Es herrscht Totenstille.

„Das finde ich auch!",
sagt Tim in die Stille hinein
und stellt sich neben Jakob.

Nach und nach stehen
alle Friedenauer Spieler auf.
Herr Kelly nickt: „Klare Entscheidung!"

Die Friedenauer machen Druck.

Aber der Ball will nicht ins Tor.

„Los!", brüllt Herr Kelly vom Rand.

„Gleich ist Schluss,

und wir brauchen das 1:0!"

Da macht Paul aus dem Tor heraus

einen weiten Abschlag.

Jakob stoppt den Ball mit der Brust
und schießt.

Der Ball knallt an den Pfosten.
„Verdammt!", flucht Jakob
und stürmt zum Ball.

Doch Lea ist schneller.
Sie stoppt den Abpraller –
und zielt …

„Tor!", schreit Jakob. „Super, Lea,
wir haben die drei Punkte!
Der Pokal gehört uns!"
Da ertönt der Abpfiff.

Jan macht einen Luftsprung
und ruft: „Wow, die Turbo 6
haben ihr erstes Turnier gewonnen!"

„Und eine Runde Fußballschuhe",
ergänzt Herr Kelly und lacht.
„Denn wer so spielt, hat sie verdient!"

Wichtige Wörter bei Turnieren

Fußballturniere sind Wettbewerbe, bei denen zwei oder mehr Mannschaften gegeneinander antreten und um den Sieg spielen.

Auslosung: Am Anfang wird ausgelost, welche Mannschaft gegen welche Mannschaft oder in welcher Gruppe spielt.

Finale: Das Spiel zweier Mannschaften um den Turniersieg.

Halbfinale: Vier Mannschaften spielen um den ersten bis vierten Platz. Meist werden zwei Zweiergruppen gebildet: Die Gewinner jeder Gruppe spielen im Endspiel um Platz 1 und 2, die Verlierer um Platz 3 und 4.

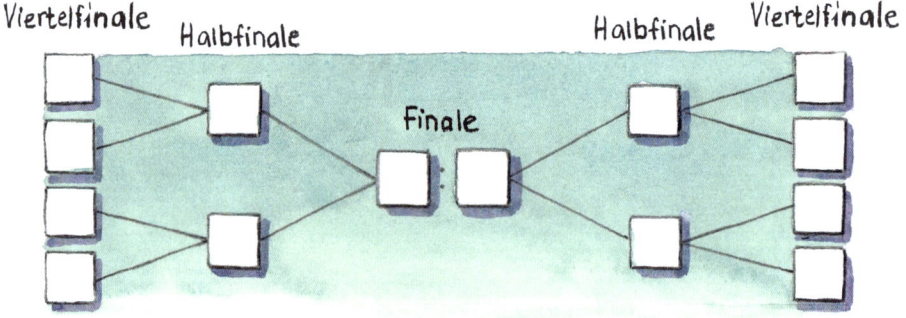

K.-o.-System: In jeder Spielrunde treten zwei Mannschaften gegeneinander an. Der Verlierer scheidet aus. Der Sieger kommt in die nächste Spielrunde.

Ligasystem (= Rundenturnier): Jede Mannschaft spielt gegen jede. Treten viele Mannschaften gegeneinander an, werden Gruppen mit mindestens drei Mannschaften gebildet. Die Punktesieger der Gruppen spielen dann wiederum gegeneinander um den Sieg.

84

Punkte: Damit werden die Spiele bewertet. Bei einem Sieg bekommt der Gewinner drei Punkte, bei einem **Unentschieden** jede Mannschaft einen Punkt.

Qualifikationsspiel: Um an Turnieren teilnehmen zu können, werden vorher meist Qualifikationsspiele durchgeführt. Hier wird in der Regel nach dem **K.-o.-System** gespielt.

Tabelle: Der Punktestand (**Punkte**) in der Tabelle zeigt die Rangfolge der Mannschaften an.

	Team	Pkt	Sp	S	U	N	T+	T-	Diff
1	FC Jux	15	6	5	0	1	12	5	+7
2	Toller VFB	13	6	4	1	1	10	4	+6
3	SV Soaß	7	6	2	1	3	6	7	-1
4	Wacker 05	0	6	0	0	6	3	15	-12

Unentschieden: Gleichstand der Tore beim Abpfiff.

Verlängerung: Steht es beim Abpfiff eines wichtigen Spiels unentschieden, folgt zunächst eine Verlängerung, bei weiterem Torgleichstand dann ein Elfmeterschießen.

Viertelfinale: Acht Mannschaften treten im **K.-o.-System** gegeneinander an und spielen um den Einzug ins **Halbfinale**.

Vorrundenspiel: Anderes Wort für die **Qualifikationsspiele** eines Turniers oder die Spiele der Turniergruppen vor den Finalrunden.

Leserabe
Leserätsel

Rätsel 1 | **Seltsam, seltsam**

Welches Wort stimmt? Kreuze an!

Linus lenkt den Ball um den
- ○ Pfosten.
- ○ Pfeiler.
- ○ Pfau.

Elias und seine Freunde spielen Fußball im
- ○ Schacht.
- ○ Schloss.
- ○ Schlamm.

Noah hat einen tollen
- ○ Opel.
- ○ Opa.
- ○ Onkel.

Rätsel 2 | **Buchstaben heraushören**

In welchen Wörtern hörst du den Buchstaben A? Kreuze an!

Ordne die Bilder den Sätzen zu!

A) Der Trainer erklärt die Positionen.

B) Jan macht sich für das Spiel warm.

C) Die Turbo 6 gewinnen ihre ersten Fußballschuhe.

1	2	3

Rätsel 4

Rätsel für die Rabenpost

Fülle die Lücken aus. Trage die Buchstaben in die richtigen Kästchen ein. So findest du das Lösungswort für die Rabenpost heraus!

Das Turnier beginnt in einer halben

| S | | | ₃ | D | ₅ |. (Seite 55)

Fünf Spieler stecken im

| | T | ₄ | | fest. (Seite 57)

Die Bolzplatz-Bande spielt meist

| ₁ | | ß | | L | |. (Seite 50)

Jan bekommt von Trainer Kelly ein gelbes

| T | | ₂ | | | T |. (Seite 61)

Lösungswort

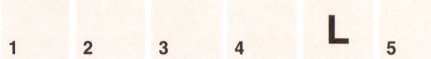

₁ ₂ ₃ ₄ L ₅

Hast du das Lösungswort herausgefunden?
Dann kannst du jetzt tolle Preise gewinnen.

Gib das Lösungswort auf der -Website
ein oder schick es mit der
Post an folgende Adresse:

An den Leseraben
Rabenpost
Postfach 2007
88190 Ravensburg
Deutschland

**Bitte frage
deine Eltern!***

NOCH MEHR REKORDE ZUM LESENLERNEN

Dinosaurier
ISBN 978-3-473-**46220**-9

Tiere
ISBN 978-3-473-**46262**-9

Fahrzeuge
ISBN 978-3-473-**46260**-5

Sport
ISBN 978-3-473-**46261**-2

STICKERN, RÄTSELN & REKORDE

Wilde Tiere
ISBN 978-3-473-**48029**-6

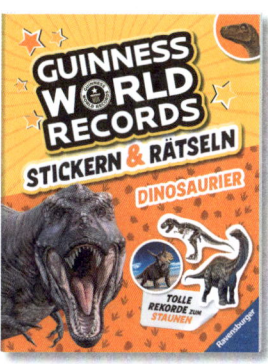

Dinosaurier
ISBN 978-3-473-**48949**-7

WOW!

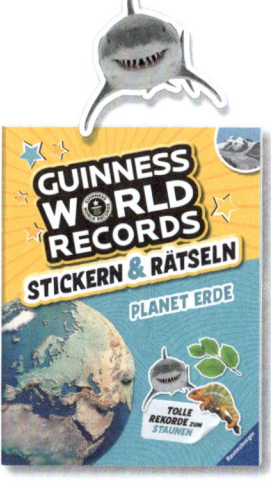

Planet Erde
ISBN 978-3-473-**48000**-5

Haustiere
ISBN 978-3-473-**48950**-3

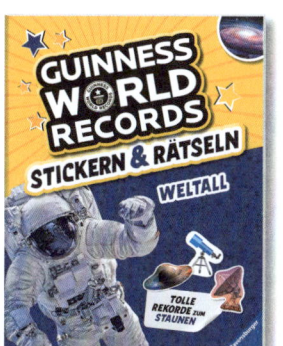

Körper
ISBN 978-3-473-**48026**-5

Weltall
ISBN 978-3-473-**48028**-9

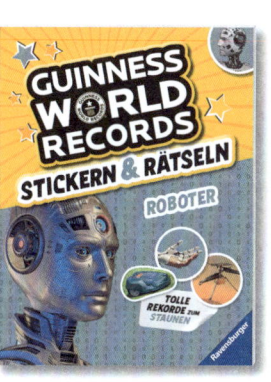

Roboter
ISBN 978-3-473-**48951**-0

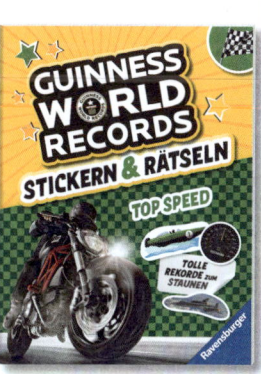

Top Speed
ISBN 978-3-473-**48952**-7

Ravensburger

Lesen lernen wie im Flug!

In drei Stufen vom Lesestarter zum Leseprofi

Vor-Lesestufe
Ab Vorschule

ISBN 978-3-473-46185-1

ISBN 978-3-473-46045-8

ISBN 978-3-473-46207-0

1. Lesestufe
Ab 1. Klasse

ISBN 978-3-473-46099-1

ISBN 978-3-473-46215-5

ISBN 978-3-473-46051-9

2. Lesestufe
Ab 2. Klasse

ISBN 978-3-473-46057-1

ISBN 978-3-473-46065-6

ISBN 978-3-473-46187-5

... und viele Bücher mehr!

ERZ 22 004